EXLIBRIS

ISBN 978-3-649- 65018-8
© 2025 Coppenrath Verlag GmbH & Co. KG
Hafenweg 30, 48155 Münster, Germany
Grafische Gestaltung: Heike Kluge
Redaktion: Katrin Gebhardt / Ursula Heeke
Alle Rechte vorbehalten
Printed in Slovakia

In deiner
Trauer
bist du nicht
allein

TRÖSTENDE
WORTE

COPPENRATH

Abschied nehmen

JEDER ABSCHIED

IST

BETÄUBEND.

JOHANN GOTTFRIED HERDER

Irgendwo

blüht die *Blume* des Abschieds

und streut immerfort Blütenstaub,

den wir *atmen*, herüber;

auch noch im kommendsten Wind

atmen wir *Abschied*.

RAINER MARIA RILKE

DER TOD

ORDNET DIE WELT NEU.

SCHEINBAR HAT SICH NICHTS VERÄNDERT,

UND DOCH IST

ALLES ANDERS GEWORDEN.

ANTOINE DE SAINT-EXUPÉRY

Das LEBEN

ist eine Reise,

die heimwärts führt.

HERMAN MELVILLE

Mondnacht

Es war, als hätt der Himmel

die Erde still geküsst,

dass sie im Blüten-Schimmer

von ihm nun träumen müsst.

Die Luft ging durch die Felder,

die Ähren wogten sacht,

es rauschten leis die Wälder,

so sternklar war die Nacht.

Und meine Seele spannte

weit ihre Flügel aus.

Flog durch die stillen Lande,

als flöge sie nach Haus.

JOSEPH VON EICHENDORFF

Man sieht die Sonne untergehen

und erschrickt doch,

wenn es plötzlich dunkel ist.

FRANZ KAFKA

Diejenigen, die gehen,

fühlen nicht den Schmerz des Abschieds.

Der Zurückbleibende leidet.

HENRY WADSWORTH LONGFELLOW

Es gibt nichts, was uns die *Abwesenheit*

eines lieben Menschen ersetzen kann;

und man soll das auch gar nicht versuchen,

man muss es einfach aushalten und durchhalten.

Das klingt zunächst sehr hart,

aber es ist doch zugleich ein großer *Trost*,

denn indem die Lücke wirklich unausgefüllt bleibt,

bleibt man durch sie

miteinander verbunden.

DIETRICH BONHOEFFER

Blick in den Strom

Sahst du ein Glück vorübergehn,
das nie sich wiederfindet,
Ist's gut, in einen Strom zu sehn,
wo alles wogt und schwindet.

O, starre nur hinein, hinein;
du wirst es leichter missen,
was dir, und soll's dein Liebstes sein,
vom Herzen ward gerissen.

Blick unverwandt hinab zum Fluss,
bis deine Tränen fallen,
und sieh durch ihren warmen Guss
die Flut hinunterwallen.

Hinträumend wird Vergessenheit
des Herzens Wunde schließen;
die Seele sieht mit ihrem Leid
sich selbst vorüberfließen.

NIKOLAUS LENAU

*Durch das Weinen
fließt die Traurigkeit
aus der Seele heraus.*

THOMAS VON AQUIN

*Ich ließ den Tränen,
die ich zurückgehalten, freien Lauf.
Mochten sie fließen, soviel sie wollten.
Ich bettete mein Herz hinein
und fand Ruhe in ihnen.*

AURELIUS AUGUSTINUS

11

STUFEN

Wie jede Blüte welkt und jede Jugend
dem Alter weicht, blüht jede *Lebensstufe*,
blüht jede Weisheit auch und jede Tugend
zu ihrer Zeit und darf nicht ewig dauern.
Es muss das *Herz* bei jedem Lebensrufe
bereit zum Abschied sein und Neubeginne,
um sich in Tapferkeit und ohne Trauern
in andre, neue Bindungen zu geben.
Und jedem *Anfang* wohnt ein Zauber inne,
der uns beschützt und der uns hilft, zu leben.

Wir sollen heiter Raum um Raum durchschreiten,
an keinem wie an einer Heimat hängen,
der *Weltgeist* will nicht fesseln uns und engen,
er will uns Stuf um Stufe heben, weiten.
Kaum sind wir heimisch einem Lebenskreise
und traulich eingewohnt, so droht Erschlaffen,
nur wer bereit zu *Aufbruch* ist und Reise,
mag lähmender Gewöhnung sich entraffen.

Es wird vielleicht auch noch die Todesstunde
uns neuen Räumen jung entgegensenden,
des *Lebens Ruf* an uns wird niemals enden...
Wohlan denn, Herz, nimm *Abschied* und gesunde!

HERMAN HESSE

Die Vögel singen, wie sie gestern sangen.

Nichts ändert diesen neuen Tagesablauf.

Aber du bist fortgegangen.

Du bist nun frei und unsere Tränen

wünschen dir GLÜCK.

JOHANN WOLFGANG VON GOETHE

Alles im Leben hat seine Zeit,

jedes Ding hat seine Stunde unter dem Himmel.

Für das Geborenwerden gibt es eine ZEIT

und eine Zeit für das Sterben.

NACH KOH 3, 1-2

Niemand
geht ganz von uns,
er geht nur voraus

WOHIN GEHEN WIR?

NACH HAUSE!

NOVALIS

Es ist eine *Ferne*, die war,

von der wir kommen.

Es ist eine Ferne, die sein wird,

zu der wir gehen

JOHANN WOLFGANG VON GOETHE

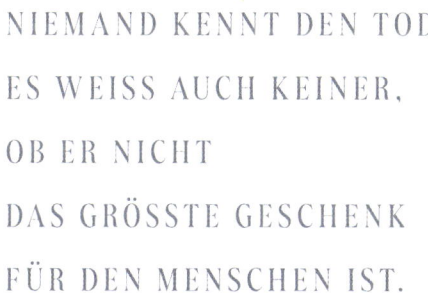

NIEMAND KENNT DEN TOD;

ES WEISS AUCH KEINER,

OB ER NICHT

DAS GRÖSSTE GESCHENK

FÜR DEN MENSCHEN IST.

SOKRATES

Halte dich still, halte dich stumm,

nur nicht fragen: Warum? Warum?

Nur nicht bittre Fragen tauschen,

Antwort ist doch nur wie Meeresrauschen.

Wie's dich auch aufzuhorchen treibt,

das Dunkel, das Rätsel, die Frage bleibt.

THEODOR FONTANE

Was dann?

Wo wird es bleiben,
was mit dem letzten Hauch entweicht?
Wie Winde werden wir treiben –
vielleicht!

Werden wir reinigend wehen?
Und kennen jedes Menschen Gesicht.
Und jeder darf durch uns gehen,
erkennt uns aber nicht.

Wir werden drohen und mahnen
als Sturm
und lenken die Wetterfahnen
auf jedem Turm.

Ach, sehen wir die dann wieder,
die vor uns gestorben sind?
Wir, dann ungreifbarer Wind?
Richten wir auf und nieder
die andern, die nach uns leben?

Wie weit wohl Gottes Gnade reicht.
Uns alles zu vergeben?
Vielleicht? – Vielleicht!

JOACHIM RINGELNATZ

WAS IST STERBEN?

Ein Schiff segelt hinaus und ich beobachte,
wie es am Horizont verschwindet.
Jemand an meiner Seite sagt:
„Es ist verschwunden."
Verschwunden wohin?
Verschwunden aus meinem Blickfeld –
das ist alles.
Das Schiff ist nach wie vor so groß, wie es war,
als ich es gesehen habe.
Dass es immer kleiner wird und dann völlig
aus meiner Sicht verschwindet, ist in mir,
es hat mit dem Schiff nichts zu tun.
Und gerade in dem Moment,
wenn jemand neben mir sagt,
es ist verschwunden,
gibt es andere, die es kommen sehen,
und andere Stimmen, die freudig aufschreien:
„Da kommt es!"
Das ist Sterben.

CHARLES HENRY BRENT

DER TOD IST DER HORIZONT

UNSERES LEBENS,

ABER DER HORIZONT IST NUR DAS ENDE

UNSERER SICHT.

RUDOLF NISSEN

Trennung ist wohl Tod zu nennen,

denn wer weiß, wohin wir gehen,

Tod ist nur ein kurzes Trennen

auf ein baldig Wiedersehen.

JOSEPH VON EICHENDORFF

Der Tod ist nicht der Untergang,

der alles aufhebt und zerstört,

sondern eine Wanderung

und der Beginn eines anderen Lebens,

welches ein Ende nicht hat.

MARCUS TULLIUS CICERO

Wenn dir jemand erzählt,

dass die *Seele*

mit dem Körper zusammen vergeht

und dass das, was einmal tot ist,

niemals wiederkommt,

so sage ihm:

Die *Blume* geht zugrunde,

aber der Same bleibt zurück und liegt vor uns,

geheimnisvoll, wie die *Ewigkeit* des Lebens.

KHALIL GIBRAN

Es sandte mir das Schicksal tiefen Schlaf.

Ich bin nicht tot, ich tauschte nur die Räume.

Ich leb in euch, ich geh in eure Träume,

da uns, die wir vereint, Verwandlung traf.

Ihr glaubt mich tot, doch dass die Welt ich tröste,

leb ich mit tausend Seelen dort,

an diesem wunderbaren Ort,

im Herzen der Lieben. Nein, ich ging nicht fort,

Unsterblichkeit vom Tode mich erlöste.

MICHELANGELO BUONAROTTI

VERGANGEN NICHT,
VERWANDELT IST,
WAS WAR.

RAINER MARIA RILKE

Tod bedeutet gar nichts.

Ich bin nur nach nebenan verschwunden.

Ich bin ich und du bist du.

Was immer wir füreinander waren, das sind wir noch.

Nenne mich bei dem alten vertrauten Namen.

Sprich von mir, wie du es immer getan hast.

Ändere nicht deinen Tonfall.

Zwinge Dich nicht zu aufgesetzter Feierlichkeit oder Traurigkeit.

Lache weiterhin über die kleinen Scherze,

an denen wir gemeinsam Spaß hatten.

Spiele, lächle, denk an mich, bete für mich.

Lass meinen Namen weiterhin so geläufig sein, wie er immer war.

Sprich ihn unbekümmert aus, ohne die Spur eines Schattens.

Das Leben bedeutet all das, was es bisher bedeutete.

Es ist genauso wie immer.

Es geht uneingeschränkt und ununterbrochen weiter.

Ist der Tod nicht nur ein unbedeutender Zwischenfall?

Warum sollte ich vergessen sein, nur weil du mich nicht mehr siehst?

Ich warte einstweilen auf dich, ganz in der Nähe, nur um die Ecke.

Alles ist gut.

HENRY SCOTT HOLLAND

Ich bin von euch gegangen,

für einen kurzen AUGENBLICK

und gar nicht weit.

Wenn ihr DAHIN *kommt,*

wohin ich gegangen bin,

werdet ihr euch fragen,

warum ihr geweint habt.

LAOTSE

Du bist nicht allein

ES SCHMERZT WENIGER,

WENN MAN DEN SCHMERZ

NICHT ALLEINE TRAGEN MUSS.

AUS POLEN

Sprich nicht voller Kummer

von meinem Weggehen,

sondern schließe deine Augen

und du wirst mich unter euch sehen,

jetzt und immer.

KHALIL GIBRAN

Wenn uns ein Gegenstand der *Liebe*

aus diesem Leben entrückt ist,

so empfindet das *Herz*

oft eine unermessliche Vereinsamung.

Trostgründe sind da unrecht angebracht,

sie füllen die *Leere* nicht aus;

aber Liebe, die uns entgegenkommt,

verhüllt doch wenigstens den Abgrund.

ADALBERT STIFTER

Wir haben in den trübsten Stunden
ein Heilmittel zur Hand:
das Denken
an eine geliebte Menschenseele.

OTTO VON LEIXNER

DAS BEWUSSTSEIN,

DASS ES MENSCHEN IN DER NÄHE GIBT,

DIE SORGE UND SINN FÜR EINEN HABEN,

IST SO OFT EIN GUTER TROST.

ALFRED DELP

Auferstehung

Wenn einer starb, den du geliebt hienieden,
so trag hinaus zur Einsamkeit dein Wehe,
dass ernst und *still* es sich mit dir ergehe
im Wald, am Meer, auf Steigen, längst gemieden.

Da *fühlst* du bald, dass jener, der geschieden,
lebendig dir im Herzen auferstehe;
in Luft und Schatten spürst du seine Nähe,
und aus den Tränen blüht ein tiefer *Frieden*.

Ja, schöner muss der Tote dich begleiten,
ums Haupt der Schmerzverklärung lichten Schein,
und treuer – denn du hast ihn alle Zeiten.

Das Herz auch hat sein Ostern, wo der Stein
vom Grabe springt, dem wir den Staub nur weihten;
und was du *ewig* liebst, ist ewig dein.

EMANUEL GEIBEL

Wenn ihr mich sucht,

sucht mich in euren HERZEN.

Habe ich dort eine Bleibe gefunden,

werde ich immer bei euch sein.

RAINER MARIA RILKE

Unsere Toten sind nicht abwesend,

sondern nur unsichtbar.

Sie schauen mit ihren Augen voller LICHT

in unsere Augen voller Trauer.

AURELIUS AUGUSTINUS

Steht nicht an meinem Grab und weint,

ich bin nicht da, nein ich schlafe nicht.

Ich bin eine der tausend wogenden *Wellen des Sees*,

ich bin das *diamantene Glitzern* des Schnees,

wenn ihr erwacht in der Stille am Morgen,

dann bin ich für euch verborgen,

ich bin ein *Vogel im Flug*, leise wie ein Luftzug,

ich bin das *sanfte Licht der Sterne* in der Nacht.

Steht nicht an meinem Grab und weint,

ich bin nicht da, nein ich schlafe nicht.

WEISHEIT DER LAKOTA

Geliebte, wenn mein Geist geschieden,

so weint mir keine Träne nach;

denn wo ich weile, dort ist *Frieden*,

dort leuchtet mir ein ew'ger Tag!

Wo aller Erdengram verschwunden,

soll euer Bild mir nicht vergehn,

und Linderung für eure Wunden,

für euern Schmerz will ich erflehn.

Weht nächtlich seine Seraphsflügel

der Friede übers Weltenreich,

so denkt nicht mehr an meinen Hügel,

denn von den *Sternen* grüß ich euch!

ANNETTE VON DROSTE-HÜLSHOFF

DU BIST NICHT MEHR DA, WO DU WARST – ABER DU BIST ÜBERALL, WO WIR SIND.

VICTOR HUGO

Von dem Menschen, den wir *lieben*,

wird immer etwas in unseren Herzen bleiben:

etwas von seinen Träumen,

etwas von seiner Hoffnung,

etwas von seinem Leben,

alles von seiner Liebe.

VERFASSER UNBEKANNT

Du bist ein Schatten am Tage

und in der Nacht ein *Licht*.

Du lebst in meiner Klage

und stirbst im Herzen nicht.

Wo ich auch nach dir frage,

finde ich von dir Bericht.

Wo ich mein Zelt aufschlage,

da wohnst du bei mir dicht.

FRIEDRICH RÜCKERT

WAS MAN TIEF IN SEINEM HERZEN BESITZT,

DAS KANN MAN NICHT DURCH DEN TOD VERLIEREN.

JOHANN WOLFGANG VON GOETHE

ABWESENHEIT

muss man durch Erinnerung ergänzen.

Das Gedächtnis ist der Spiegel,

in dem wir die Abwesenden anblicken.

JOSEPH JOUBERT

Erinnerung ist eine Form der Begegnung.

KHALIL GIBRAN

MAN LEBT ZWEIMAL:

das erste Mal in der Wirklichkeit,

das zweite Mal in der Erinnerung.

HONORÉ DE BALZAC

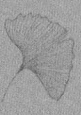

Je schöner und voller die Erinnerungen,

desto schwerer die Trennung.

Aber die Dankbarkeit verwandelt die Qual der Erinnerung

in eine stille *Freude.*

Man trägt das vergangene Schöne nicht wie einen Stachel,

sondern wie ein kostbares Geschenk in sich.

Man muss sich hüten, in den Erinnerungen zu wühlen,

sich ihnen auszuliefern,

wie man auch ein kostbares Geschenk nicht immerfort betrachtet,

sondern nur zu besonderen Stunden und

es sonst nur wie einen verborgenen *Schatz,*

dessen man sich gewiss ist, besitzt;

dann geht eine dauernde Freude und *Kraft*

von dem Vergangenen aus.

DIETRICH BONHOEFFER

Erinnerung ist Liebe,
die bleibt

ICH FASSE DICH MIT MEINEM HERZEN

WIE MIT EINER HAND.

RAINER MARIA RILKE

O traure nicht!

Aus roten Morgenwolken blüht

der blaue Tag in blasser Seligkeit ...

Und über Raum und Zeit

erhebt sich mein Gemüt

zu dir.

O traure nicht!

Und bist du nicht bei mir –:

Ein Licht sind wir

und ist von mir zu dir.

Aus roten Morgenwolken blüht

der blaue Tag in blasser Seligkeit ...

Und über Raum und Zeit

erhebt sich dein Gemüt

zu mir.

CHRISTIAN MORGENSTERN

Alles, was schön ist, bleibt schön,

auch wenn es welkt.

Und unsere Liebe bleibt Liebe,

auch wenn wir sterben.

MAXIM GORKI

Die Liebe ist stärker als der Tod

und die Schrecken des Todes.

Allein die Liebe

erhält und bewegt unser Leben.

IWAN TURGENJEW

DER TOD IST DIE GRENZE DES LEBENS,

ABER NICHT DER LIEBE.

VERFASSER UNBEKANNT

Nur *Liebe* überbrückt die Kluft,

die zwischen Sein und Nichtsein droht,

dass, wie gepflückter Blumen *Duft*,

doch etwas überlebt den Tod.

FRIEDRICH MARTIN VON BODENSTEDT

Einst geliebte *Seele*,
immer noch empfundne,
sternklar weist die Nacht mir Weiten,
die auch dich umschließen,
du entschwundne.

Gütig glänzen wieder
alle *Lichter* oben,
die uns je zu gleicher Andacht
von der trüben Erde
auferhoben.

Einsamkeit und Dunkel
sind nun nicht mehr Qualen.
Dankbar betet Seel und Seele:
Sterne, all ihr Sterne,
helft uns strahlen!

RICHARD DEHMEL

WENN DU AN MICH DENKST,

ERINNERE DICH AN DIE STUNDE,

IN WELCHER DU MICH

AM LIEBSTEN HATTEST.

RAINER MARIA RILKE

Es gibt viel Trauriges in der Welt
und viel Schönes.
Manchmal scheint das Traurige
mehr Gewalt zu haben, als man ertragen kann;
dann stärkt sich indessen leise das Schöne
und berührt wieder unsere Seele.

HUGO VON HOFMANNSTHAL

Wenn du bei Nacht den Himmel anschaust,
wird es sein, als lachten alle Sterne,
weil ich auf einem von ihnen wohne,
weil ich auf einem von ihnen lache.
Du allein wirst Sterne haben, die lachen können!
Und wenn du dich getröstet hast,
wirst du froh sein, mich gekannt zu haben.

ANTOINE DE SAINT-EXUPÉRY

Ich
bin ... ein Stern.

Ich
... glänze ...

Traurig ... flehend,
tränenbleich,
hebst du ... zu mir dein ... Gesicht

Deine
Hände ... weinen:

„Tröste mich!"

Ich
... glänze ...

Alle meine Strahlen
zittern
in
dein ... Herz

ARNO HOLZ

Der Mensch in uns sagt:
Nur durch Trauer lebst du wahrhaft die Zeit,
fühlst du den Krieg.
Aber das Leben spricht:
Nur durch Freude erlöst du dich von der Zeit,
besiegst du den Krieg.

STEFAN ZWEIG

Man kann den Tod eines geliebten Menschen
tief und innig beklagen und doch in Hoffnung
und selbst in Heiterkeit weiterleben.

THEODOR FONTANE

Die Hoffnung ist wie ein Sonnenstrahl,
der in ein trauriges Herz dringt.
Öffne es weit und lass sie hinein.

FRIEDRICH HEBBEL

Tröste dich, die Stunden eilen

und was all dich drücken mag.

Auch das Schlimmste kann nicht weilen

und es kommt ein andrer Tag.

In dem ew'gen Kommen, Schwinden

wie der Schmerz liegt auch das Glück

und auch heitre Bilder finden

ihren Weg zu dir zurück.

Harre, hoffe! Nicht vergebens

zählest du der Stunden Schlag:

Wechsel ist das Los des Lebens

und – es kommt ein neuer Tag.

THEODOR FONTANE

Quellen:

Hermann Hesse, Stufen, aus: Hermann Hesse,
Sämtliche Werke in 20 Bänden. Herausgegeben von Volker Michels.
Band 10: Die Gedichte, © Suhrkamp Verlag Frankfurt am Main 2002.
Alle Rechte bei und vorbehalten durch Suhrkamp Verlag Berlin.